Eva-Maria Zahner

Von Ton zu Ton

Mit der Sopranblockföte durch die Weihnachtszeit

Duette und Trios für

verschiedene Blockflötenbesetzungen

1

Zu dieser Ausgabe

Die erste Stimme wird mit der Sopranblockflöte (S) gespielt. Hier wird stufenweise fort-geschritten. Noten-Sternchen weisen auf neu hinzukommende Töne hin. In der zweiten und dritten Stimme werden Altblockflöte (A) und Tenorblockflöte (T) mit einbezogen.
Besetzungen der Duette: SS - SA - ST
Besetzungen der Trios: SSA - SST - SAA - SAT

Ein herzliches Dankeschön an Anne Terzibaschitsch für ihre große Unterstützung.

Viel Freude beim weihnachtlichen Musizieren!

Eva-Maria Zahner

Impressum

© 2004 by Musikverlag Holzschuh, Manching

VHR 3606 / ISMN 979-0-2013-0068-9 / ISBN 978-3-920470-59-7

Illustrationen: Wilma Zahner

Notensatz: Regina Krauß

www.holzschuh-verlag.de

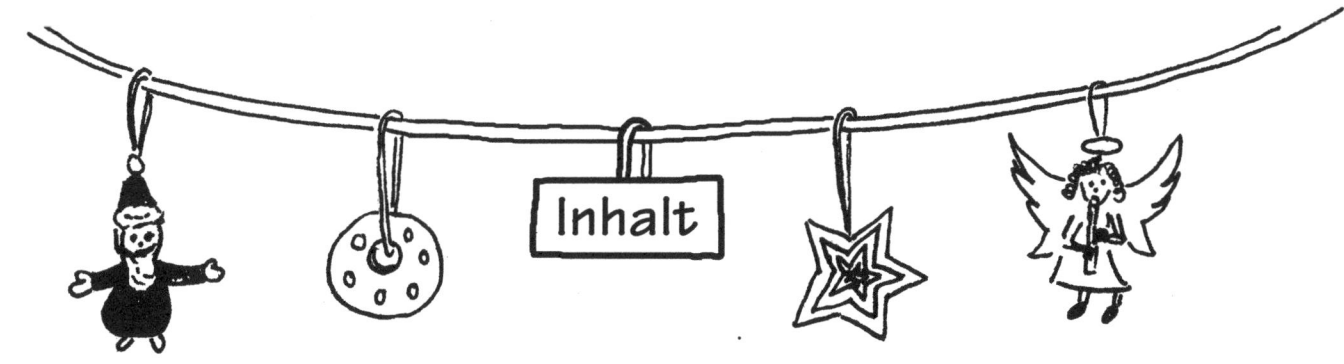

Inhalt

A, a, a, der Winter, der ist da!

Volksweise

A, a, a, der Win - ter, der ist da!

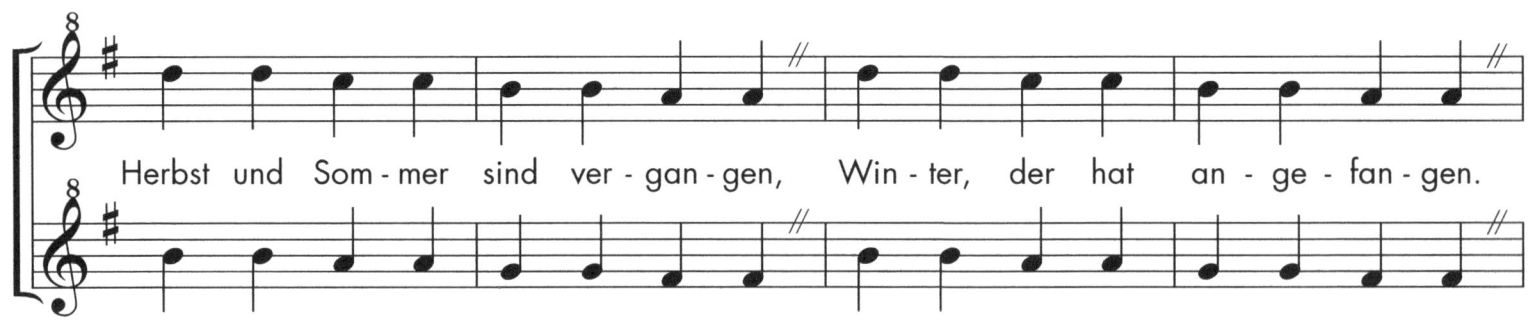

Herbst und Som - mer sind ver - gan - gen, Win - ter, der hat an - ge - fan - gen.

A, a, a, der Win - ter, der ist da!

Jingle Bells

James Pierpont

Jing - le bells! Jing - le bells! Jing - le all the way!

Oh, what fun it is to ride in a one-horse o - pen sleigh!___

Jing - le bells! Jing - le bells! Jing - le all the way!

Oh, what fun it is to ride in a one-horse o - pen sleigh!

Ward ein Kind geboren

nach einer Weise aus Argentinien

Ward ein Kind ge - bo - ren heut' in Beth - le - hem.

Lau - fet mit mir, Hir - ten! Al - le__ woll'n es sehn.

Wiegenmelodie

E. Z.

6

Was soll das bedeuten

aus Schlesien

Was soll das bedeuten, es taget ja schon,
ich weiß wohl, es geht erst um Mitternacht 'rum.

Schaut nur daher, schaut nur daher!

Wie glänzen die Sterne je länger, je mehr.

☆ *Vermutlich wurde früher zu diesem Lied im Weihnachtsgottesdienst getanzt.* ☆

An der Krippe

E. Z.

Tragt in die Welt nun ein Licht

Wolfgang Longardt

Tragt in die Welt nun ein Licht!   Sagt al-len: Fürch-tet euch nicht!

S

A

A/T

Gott hat euch lieb, Groß und Klein.   Seht auf des Lich-tes Schein!

Schlittenfahren

E. Z.

Schneeflöckchen, Weißröckchen

Volksweise

Schnee - flöck - chen, Weiß - röck - chen, wann_ kommst du ge - schneit?

Du_ kommst aus den Wol - ken, dein_ Weg ist so weit.

Ein Licht im Advent

E. Z.

Ein Licht im Ad - vent gibt hel - len Schein.

Ein Licht im Ad - vent lässt glück - lich sein.

Es gibt Wär - me, Glanz und fro - hen Mut.

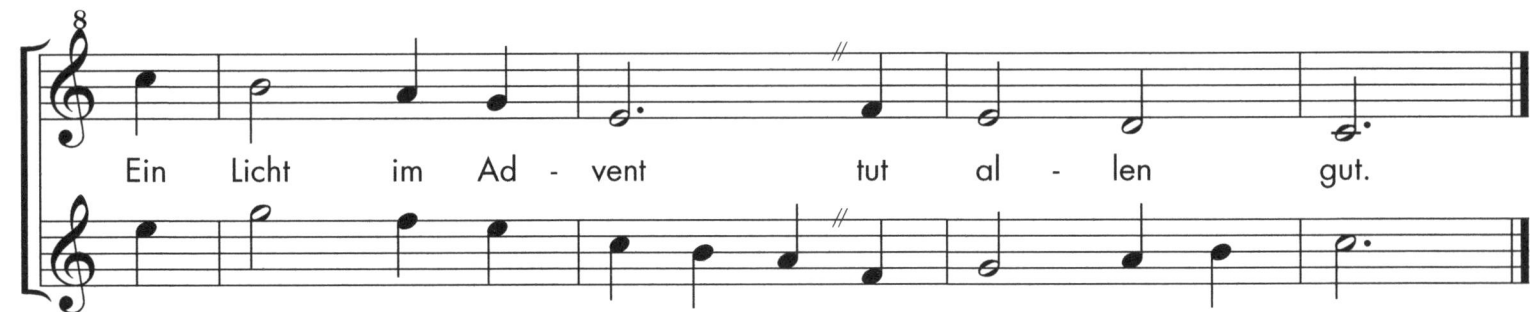

Ein Licht im Ad - vent tut al - len gut.

12

Ihr Kinderlein, kommet

Joh. Abraham Schulz

Winter

Melodie und Text: Anne Terzibaschitsch
Bearb.: E.Z.

Mü - de und alt, schnee - weiß und kalt

ste - hen die Bäu - me in Win - ter - ge - stalt.

Kahl und ent - laubt, stumm und be - raubt

sen - ken die Bäu - me in De - mut ihr Haupt.

14

Morgen kommt der Weihnachtsmann

Text: A. Hoffmann von Fallersleben
Melodie: W. A. Mozart

Mor - gen kommt der Weih - nachts - mann, kommt mit sei - nen Ga - ben.

Bun - te Lich - ter, Sil - ber - zier, Kind und Krip - pe, Schaf und Stier,

Zot - tel - bär und Pan - ther - tier möcht ich ger - ne ha - ben.

Hat Mozart auch Weihnachtslieder komponiert?

Aber klar. Schau einmal nach oben!

Vom Himmel hoch, da komm ich her

Text: Martin Luther
Weise: Leipzig 1537

Vom Him-mel hoch, da komm ich her, ich bring euch gu-te neu-e Mär;

der gu-ten Mär bring ich so viel, da-von ich sing'n und sa-gen will.

Martin Luther wollte mit diesem Lied seinen eigenen Kindern ein Weihnachtsgeschenk machen.

O laufet, ihr Hirten

aus Schlesien

S

O lau - fet, ihr Hir - ten, lauft al - le zu - gleich
und neh - met Schal - mei - en und Pfei - fen mit euch!

A

Lauft_ al - le_ zu - mal mit_ freu - di - gem_ Schall nach

Beth - le - hem, zum Kripp - lein, zum

Kripp - lein im Stall!

17

I Saw Three Ships

aus England

I saw three ships come sail - ing in on Christ - mas Day, on Christ - mas Day. I saw three ships come sail - ing in on Christ - mas Day in the morn - - - ing.

Am Weihnachtsbaum die Lichter brennen

Text: Hermann Kletke
Volksweise

Am Weih-nachts-baum__ die Lich-ter bren-nen, wie glänzt er fest-lich, lieb und mild,

als spräch' er: „Wollt__ in mir er-ken-nen ge-treu-er Hoff-nung stil-les Bild!"

Auf, auf, ihr Hirten

Volksweise

Auf, auf, ihr Hir-ten, euch nicht ver - wei-let,

lau - fet ge-schwind! Tut al - le ge - hen, da wer-det ihr

se - hen, Groß und Klein, ins-ge-mein, ein Krip-pe - lein.

Lieb Nachtigall, wach auf

aus dem Bamberger
Gesangbuch 1670

Lieb Nach-ti-gall, wach auf! Wach auf, du schö-nes Vö-ge-lein auf

je-nem grü-nen Zwei-ge-lein, wach_ hur-tig auf, wach auf! Dem

Kin-de-lein aus-er-ko-ren, heut' ge-bo-ren, halb er-fro-ren,

sing, sing,___ sing dem zar-ten___ Je-su-lein!

We Wish You A Merry Christmas

aus England

We wish you a Mer-ry Christ-mas, we wish you a Mer-ry Christ-mas, we wish you a Mer-ry Christ-mas and a hap-py New Year! Good ti-dings to you where-ev-er you are. Good ti-dings for Christ-mas and a hap-py New Year! We wish you a Mer-ry Christ-mas, we wish you a Mer-ry Christ-mas, we wish you a Mer-ry Christ-mas and a hap-py New Year.

Lasst uns froh und munter sein

aus dem Hunsrück

Lasst uns froh und_ mun-ter sein und uns recht von_ Her-zen freun!

Lus-tig, lus-tig, tra-le-ra-le-ra! Bald ist Ni-ko-laus - a-bend da,

bald ist Ni-ko-laus - a-bend da!

Tannenbäume

aus Finnland

Tan - nen - bäu - me weit und breit__ kün - den an die__ Weih - nachts - zeit.

Und der Ker - zen hel - ler Schein__ dringt in al - le Her - zen ein.

Es kommt ein Schiff, geladen

Text: Daniel Sundermann
Weise: Köln 16. Jahrhundert

Es kommt ein Schiff, ge - la - den bis an sein höchs - ten

Bord, trägt Got - tes Sohn voll Gna - den, des Va - ters e - wig's Wort.

Was soll dieses beladene Schiff eigentlich bedeuten?

Das Schiff steht als Zeichen für Maria mit dem ungeborenen Jesuskind.

Stern über Bethlehem

Text und Melodie: Alfred Hans Zoller
Satz: Eva-Maria Zahner

Stern ü - ber Beth - le - hem, zeig uns den Weg,—

führ uns zur Krip - pe hin, zeig, wo sie steht!—

Leuch - te du uns vor - an bis wir dort sind!—

Stern ü - ber Beth - le - hem, führ uns zum Kind!—

Fröhliche Weihnacht überall

englische Weise

S / A

„Fröh - li - che Weih - nacht ü - ber - all!" tö - net durch die Lüf - te fro - her Schall.

Weih - nachts - ton, Weih - nachts - baum, Weih - nachts - duft in je - dem Raum!

Fine

„Fröh - li - che Weih - nacht ü - ber - all!" tö - net durch die Lüf - te fro - her Schall.

Da - rum al - le stim - met in den Ju - bel - ton,

denn es kommt das Licht der Welt von des Va - ters Thron.

Da capo al Fine

Vom Himmel hoch, o Englein kommt

Text: nach Friedrich v. Spee
Weise: Köln 1623

Vom Him - mel hoch, o Eng - lein kommt! Ei - a,

ei - a, su - sa - ni, su - sa - ni, su - sa - ni. Kommt

singt und klingt, kommt pfeift und trombt. Al - le - lu - ja, al -

le - lu - ja! Von Je - sus singt und Ma - ri - a.

Früher brachten Kinder in die Christmesse kleine Wiegen mit, an denen Glöckchen hingen. Bei diesem und auch anderen Wiegenliedern schaukelten die Kinder damit und die Glöckchen kamen dabei zum Klingen.

Macht hoch die Tür

Text: Georg Weißel
Weise: um 1700

Macht hoch die Tür, die Tor' macht weit, es kommt der Herr der Herr-lich-keit, ein

Kö - nig al - ler Kö - nig-reich, ein Hei-land al - ler Welt zu-gleich, der

Heil und Le - ben mit sich bringt, der hal - ben jauchzt, mit Freu - den singt: Ge-

lo - bet sei mein Gott, mein Schöp - fer reich von Rat!

In dulci jubilo

Komm nun, weihnachtlicher Geist

Kanon

Jens Rohwer

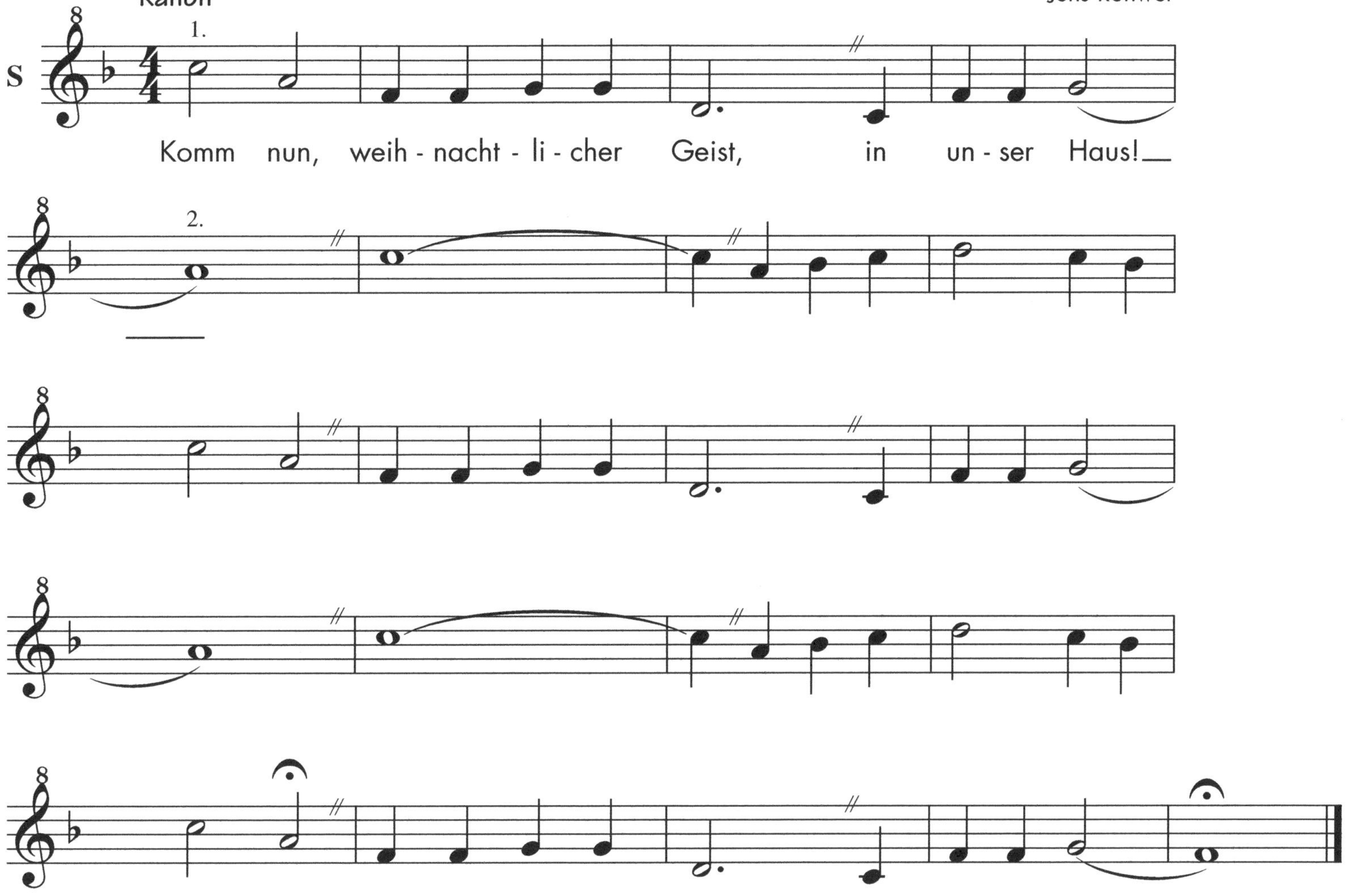
S
1.
2.
Komm nun, weih - nacht - li - cher Geist, in un - ser Haus!

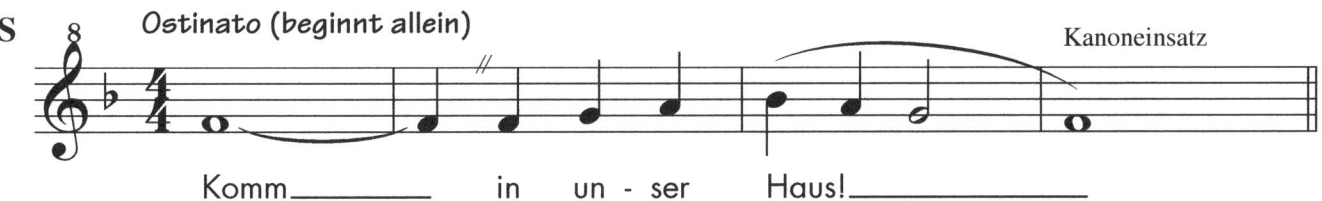

Ostinato (beginnt allein)

S
Kanoneinsatz
Komm in un - ser Haus!

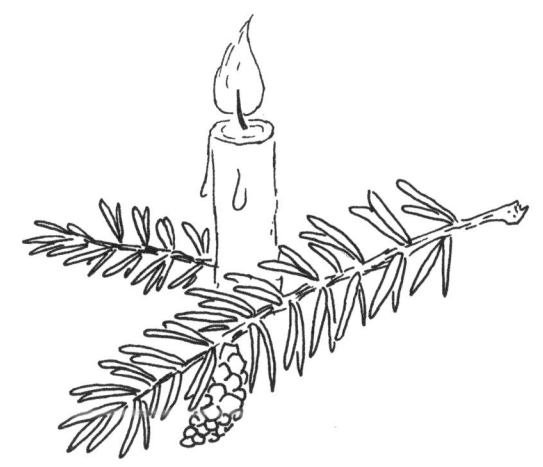

Quem pastores laudavere

Den die Hirten lobeten sehre

14. Jahrhundert

Quem pas - to - res lau - da - ve - re, qui - bus an - ge - li di - xe - re:
Den die Hir - ten lo - be - ten seh - re und_ die En - gel noch viel meh - re:

Ab - sit vo - bis iam ti - me - re, na - tus est rex glo - ri - ae.
Fürcht' euch für - bass nim - mer - meh - re, euch ist ge - born ein Kö - nig der Ehrn.

Kommet, ihr Hirten

Text: Carl Riedel
Weise: aus Böhmen

31

Hört, der Engel helle Lieder

Les anges dans nos campagnes

Text: Otto Abel
Weise: aus Frankreich 18. Jahrhundert

Hört, der En - gel_ hel - le Lie - der klin-gen das wei-te_ Feld ent - lang.
Und die Ber - ge_ hal - len wi - der von des_ Him-mels_ Lob - ge - sang.

Glo - - - - - - - - - - - - - ri - a

in ex - cel - sis de - o. Glo - - - - - - - - -

- - - ri - a in ex - cel - sis de - - o.

Ubi sunt gaudia

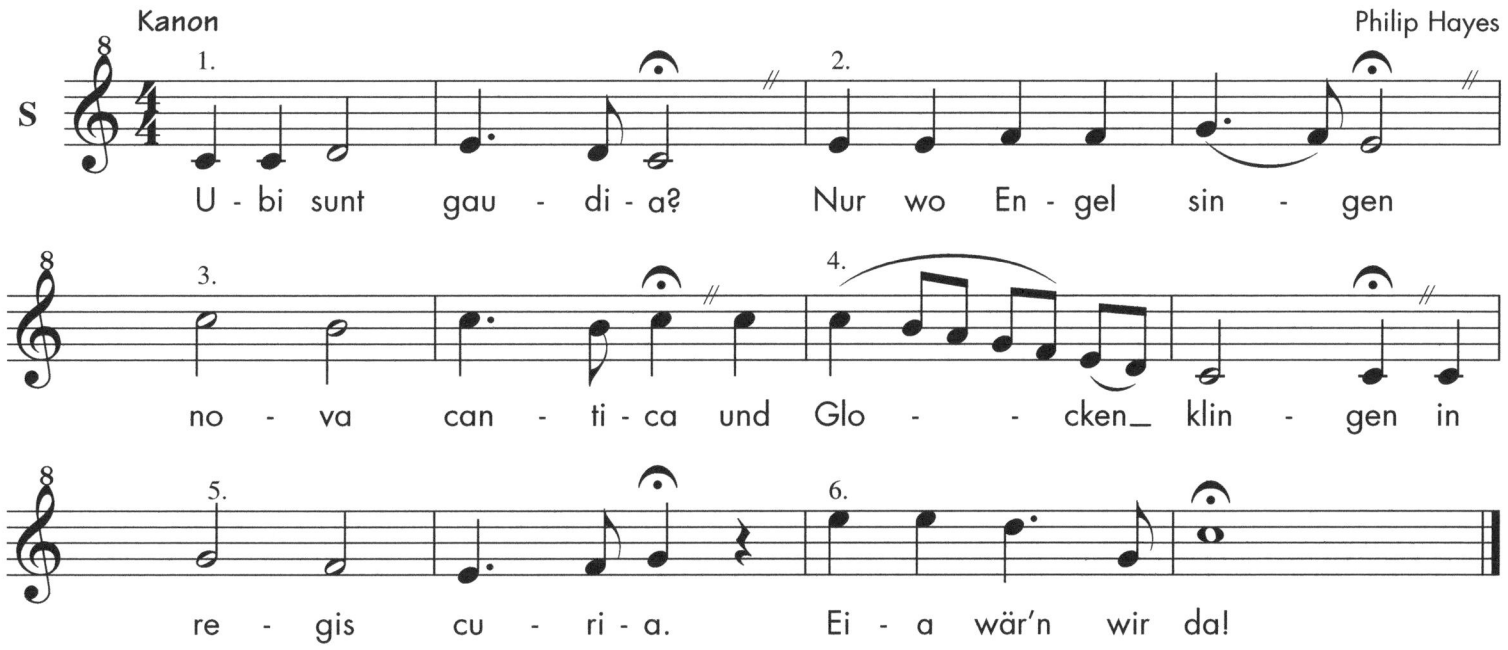

Es ist ein Ros entsprungen

16. Jahrhundert

Es ist ein Ros ent-sprun-gen aus ei-ner___ Wur-zel zart,
wie uns die Al-ten sun-gen, von Jes-se___ kam die Art.

Und hat ein Blüm-lein bracht mit-ten im kal-ten Win-ter

wohl zu der___ hal-ben Nacht.

Mit dem **Blümlein** ist das Jesuskind gemeint.

Ros kommt von Sp**ros**s und meint Jeusus.

Die **Wurzel** soll den Stammbaum (Vorfahren) von Jesus darstellen.

34

Alle Jahre wieder

Text: Wilhelm Hey
Weise: Friedrich Silcher

Al - le Jah - re wie - der kommt das_ Chris - tus - kind

auf die Er - de nie - der,_ wo wir_ Men - schen sind.

O Freude über Freude

aus Schlesien

O Freu-de ü-ber__ Freu - de, ihr Nach-barn kommt und hört,
was mir dort auf der__ Hei - de für Wun-der-ding pas - siert!

Es kam ein wei-ßer En - gel zu ho-her Mit-ter-nacht, der

sang mir ein Ge - sän - gel, dass mir das Her - ze lacht.

Die Nacht ist vorgedrungen

Text: Jochen Klepper
Melodie: Johannes Petzold
Satz: Eva-Maria Zahner

Die Nacht ist vor-ge-drun-gen, der Tag ist nicht_ mehr fern.
So sei nun Lob ge-sun-gen, dem

hel-len Mor-gen-stern! Auch wer zur Nacht ge - wei - net, der stim-me froh mit_

ein. Der Mor - gen-stern be-schei - net auch dei - ne Angst und Pein.

Baronesse von Löffelholz, Direktorin eines Landschulheims für Mädchen, sang mit einigen ihrer Schülerinnen alljährlich in der Nacht zum 1. Advent dieses Lied.

Ja, das Landschulheim war in einem Schloss. Die Mädchen zogen singend, mit einer brennenden Kerze in der Hand, durch das ganze Schloss.

Für die schlafenden Mit-schülerinnen, die von diesem wunderbaren Gesang wach wurden, hörte es sich so an, als würden Engel die Adventszeit einsingen.

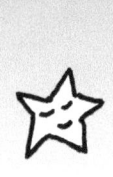

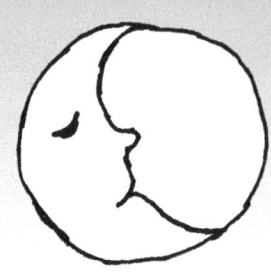

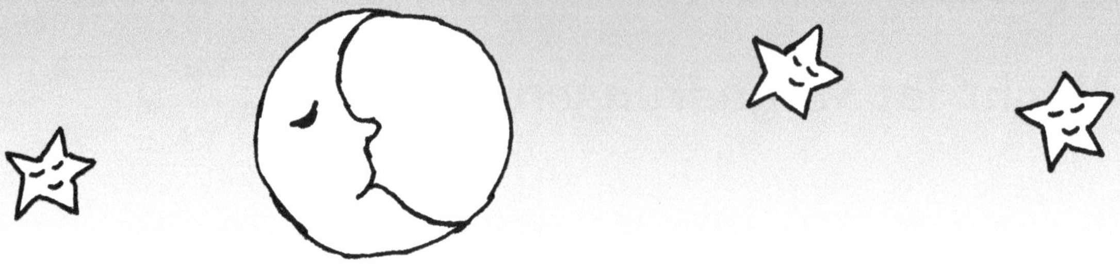

Stille Nacht, heilige Nacht

Text: Joseph Mohr
Weise: Franz Gruber

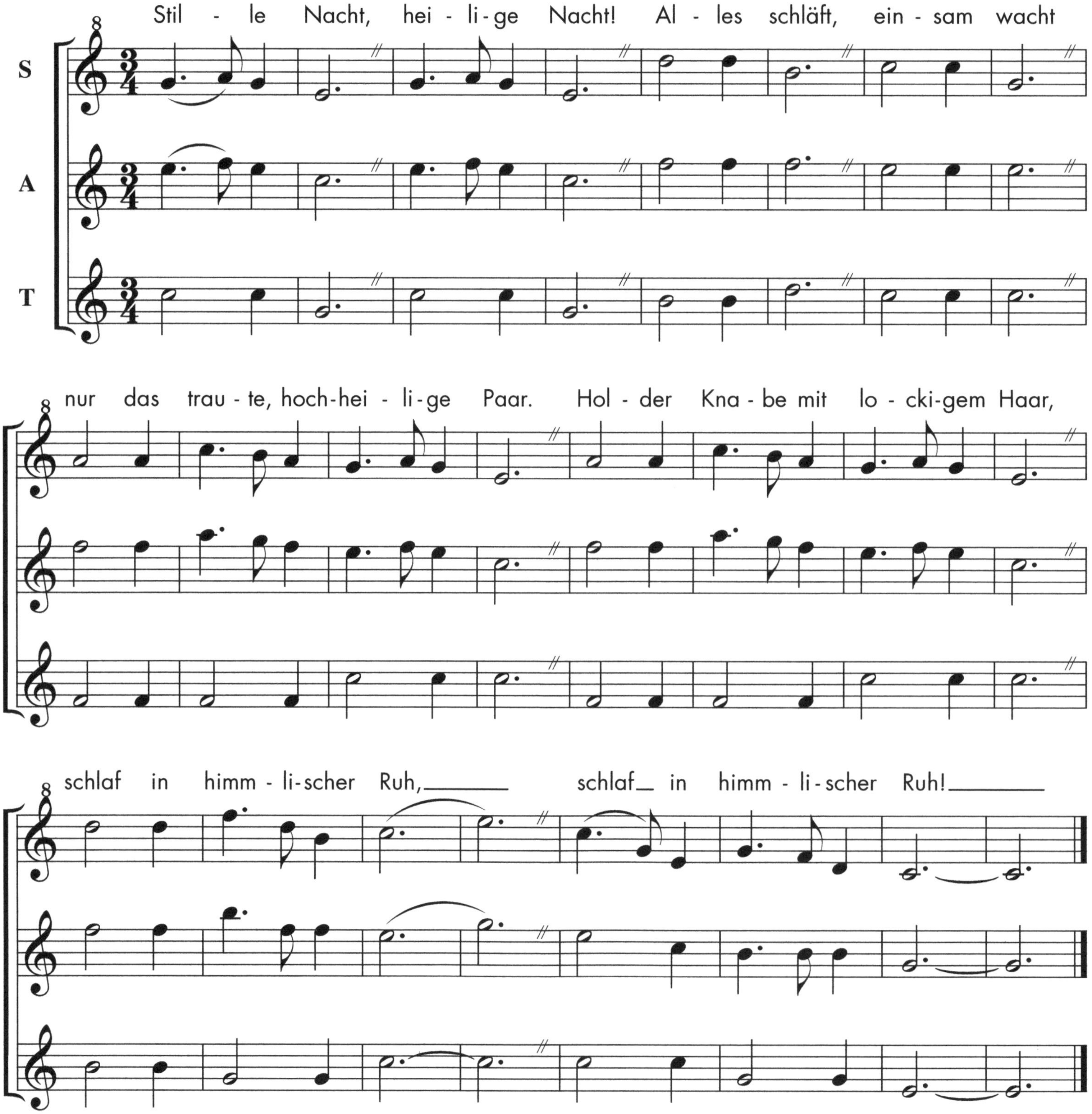
Stil - le Nacht, hei - li - ge Nacht! Al - les schläft, ein - sam wacht
nur das trau - te, hoch-hei - li - ge Paar. Hol - der Kna - be mit lo - cki-gem Haar,
schlaf in himm - li-scher Ruh,
schlaf in himm - li - scher Ruh!
S
A
T

Wie das Lied „Stille Nacht, heilige Nacht" entstanden ist

Es war der 24. Dezember im Jahr 1818. In der Kirche des österreichischen Ortes Oberndorf bei Salzburg hatten Mäuse den Blasebalg der Orgel angefressen. Dadurch war das Instrument unbrauchbar geworden. Was konnte nun am Heiligen Abend die feierliche Orgelmusik ersetzen? Gab es denn ein Weihnachtslied, das ohne Orgelbegleitung feierlich genug klang?

Der Hilfspfarrer Joseph Mohr, der sehr gut Gitarre spielen konnte, hatte eine Idee. Er verfasste ein Gedicht und brachte dieses seinem Freund, dem Schullehrer und Organisten Franz Gruber, mit der Bitte, den Text zu vertonen. Es sollte ein Lied entstehen mit Gitarrenbegleitung, Chor und zwei Solostimmen. Sofort begann Gruber mit dem Komponieren. Das vollendete Werk gefiel Joseph Mohr und es wurde sogleich mit dem Einstudieren begonnen.

Noch in derselben Nacht konnte das Lied aufgeführt werden. Es wurde ein großer Erfolg. So gab es doch noch eine feierliche Christmesse.

Quiz

Welche Antwort ist richtig?

1. Was soll im Lied „Es kommt ein Schiff, geladen" das beladene Schiff tatsächlich bedeuten?

(S) ein Hirte und seine Schafherde

(E) der Nikolaus mit dem vollen Sack

(A) Maria mit dem ungeborenen Jesuskind

2. Wem machte Martin Luther mit seinem Lied „Vom Himmel hoch, da komm ich her" ein Weihnachtsgeschenk?

(C) seiner Ehefrau

(D) seinen Kindern

(N) seinen Großeltern

6. Wer komponierte die Melodie „Morgen kommt der Weihnachtsmann"?

(N) Rolf Zuckowski

(T) Wolfgang Amadeus Mozart

(E) Johann Wolfgang von Goethe

3. Welchen Liedtext schrieb der kinderfreundliche Hilfspfarrer Christoph Schmid für die Kinder in seiner Gemeinde?

(V) Ihr Kinderlein, kommet

(H) Schlittenfahren

(G) Ward ein Kind geboren

5. Wie geht das Lied weiter?
Alle Jahre wieder …

(L) … fallen Flocken nieder.

(S) … erklingen Weihnachtslieder.

(N) … kommt das Christuskind.

4. Wer ist mit dem Blümlein gemeint in dem Lied „Es ist ein Ros entsprungen"?

(A) eine Christrose

(I) ein Weihnachtsstern

(E) das Jesuskind

Lösungswort:

40